Pater
Anselm Grün

Die Beichte

Vier-Türme-Verlag

Die Deutsche Bibliothek – CIP-Einheitsaufnahme
Ein Titeldatensatz für diese Publikation ist bei
Der Deutschen Bibliothek erhältlich

1. Auflage 2001

Umschlaggestaltung, Layout und Satz:
Atelier Stefan Issig und Dirk Nitschke, Büro für Gestaltung, Kitzingen
Druck: Benedict Press, Münsterschwarzach
ISBN 3-87868-171-2

Pater
Anselm Grün

Sakramente

Die Beichte

Feier der Versöhnung

Vier-Türme-Verlag
Münsterschwarzach

Inhaltsverzeichnis

Einleitung

I. Wege zum Verständnis des Bußsakramentes

II. Die Gestaltung des Bußsakramentes

III. Aus der Versöhnung leben

Schluß

Literatur

Einleitung

Wohl kaum ein Sakrament ist in den letzten Jahrzehnten von den Leuten mehr gemieden worden als die Beichte. War es in den fünfziger Jahren noch üblich, daß die frommen Christen alle vier Wochen, zumindest aber an Weihnachten, Ostern und zu Allerseelen zum Beichten gingen, so haben sich heute viele vom Empfang des Beichtsakramentes verabschiedet. Man sieht kaum noch lange Schlangen vor den Beichtstühlen, höchstens in Klöstern, an Wallfahrtsorten und vor bestimmten Festtagen. Der Rückgang der Beichte hat sicher zum einen mit der Übertreibung der Beichthäufigkeit in früheren Zeiten zu tun, zum anderen aber auch mit einer mangelnden Theologie und Praxis des Bußsakramentes. Es hat wenig Sinn, der Beichthäufigkeit der fünfziger Jahre nachzutrauern. Denn das war nicht unbedingt im Sinne Jesu, vielleicht eher im Sinne der Kirche. Es war ein Zeichen, daß die Kirche Macht hatte über die Seelen. Aber diese Beichthäufigkeit war zugleich mit Angst und vielen Verletzungen erkauft.

In 25 Jahren Jugendarbeit habe ich an den Kartagen oft 20 Stunden Beichtgespräche mit jungen Menschen geführt. Ich habe gespürt, wie heilend und befreiend diese Gespräche für die Jugendlichen waren. So ist es mein Anliegen, in diesem Buch das Sakrament der Beichte als heilsames und heilendes Angebot Gottes an uns zu beschreiben. In vielen Gesprächen mit Hilfesuchenden habe ich erfahren, wie zentral das Thema Schuld und Schuldgefühle für viele ist. Die Beichte ist ein Ort, an dem Menschen angemessen über ihre Schuld und Schuldgefühle sprechen können. Aber Beichte ist mehr: in ihr können die Menschen die Vergebung ihrer Schuld erfahren. Kein anderes Sakrament hat eine solche Nähe zum therapeutischen Gespräch wie die Beichte. Zugleich beneiden uns viele Therapeuten um dieses Sakrament, in dem nicht nur über die Schuld gesprochen wird, sondern in dem durch einen Ritus, der in die Tiefen des Unbewußten dringt, die Vergebung der Schuld wirksam vermittelt wird.

Ich sehe meine Aufgabe darin, den Reichtum, den wir in unserer christlichen Tradition haben, für die Menschen unserer Zeit zu heben. Die heilende und befreiende Wirkung der Beichte kann nur deutlich werden, wenn wir sowohl die Theologie als auch die Praxis dieses Sakramentes anschauen und sie nach ihrer Bedeutung für uns heute befragen.

I. Wege zum Verständnis des Bußsakramentes

Wortbedeutungen

Der Volksmund spricht normalerweise von der »Beichte«. Die Theologie spricht vom »Bußsakrament«. Das deutsche Wort »Beichte« meint eigentlich Bekenntnis. Es bezieht sich also auf einen Teil, der wesentlich zum Bußsakrament gehört. Beichte als Bekenntnis von Sünden ist keine Erfindung des Christentums. In fast allen Religionen ist es üblich, daß Menschen, die ihre Beziehung zu Gott durch die Sünde belastet haben, diese Beziehung durch ein Bekenntnis wieder ›normalisieren‹. Viele Religionen kennen die öffentliche Beichte. Wo die Ordnung des Lebens gestört wurde, müssen die Menschen sie durch ein öffentliches Bekenntnis ihrer Sünden wiederherstellen. Im Buddhismus wurde schon seit dem zweiten Jahrhundert die Mönchsbeichte praktiziert, um den Weg zur Erlösung rein zu halten. (Vgl. Asmussen 412f) Das Neue Testament kennt das Bekennen der Sünden vor Gott (Joh 1,9) und das Bekennen voreinander: »Bekennt einander eure Sünden, und betet füreinander, damit ihr geheilt werdet.« (Jak 5,16) Hier ist noch nicht die Beichte vor einem Priester gemeint, sondern das Aussprechen der Sünden voreinander, das aber zugleich mit einem Gebet verbunden ist.

Das aus dem germanischen Sprachbereich kommende Wort »Buße« kommt von »besser«. Etwas, das nicht gut gewesen ist, will man besser machen. In der Buße versucht der Mensch, seine Beziehung zu Gott und zu anderen Menschen wiederherzustellen. Das Bedürfnis nach Buße ist in jedem Menschen angelegt. Denn jeder spürt, daß er immer wieder abweicht vom richtigen Weg. Da braucht es den Entschluß, wieder neu anzufangen. Dieser neue Anfang wird in vielen Religionen durch ein Ritual ausgedrückt. Es gibt dabei persönliche Bußrituale und öffentliche. Wenn etwa in früheren

Zeiten das Wetter die Ernte vernichtet hat oder wenn viele Unglücksfälle in einem Volksstamm geschehen sind, dann hat man gemeinsame Bußrituale veranstaltet, um Gott gnädig zu stimmen. Die Buße kann in einem neuen Verhalten bestehen, in einer intensiveren Gottverbundenheit. Aber sie kann auch in der Vernichtung der Sünder bestehen. Oft werden stellvertretend für die Menschen Tiere geopfert. Die Juden kennen den Sündenbock, dem sie die Sünden des Volkes aufladen, um ihn dann in die Wüste zu schicken.

Die Bibel, vor allem das Neue Testament, spricht nicht vom Wort »Buße«, sondern von »Umkehr«. Griechisch heißt es: »metanoia«. Das Alte Testament kennt Bußtage, an denen das Volk mit Fasten und Weinen seine Sünden bereut und Jahwe verspricht, sich ihm wieder mit ganzem Herzen zuzuwenden. Die Propheten kritisieren diese öffentliche Buße, die oft nur in äußerem Tun besteht. Sie verweisen auf die Umkehr des Herzens. In der Tiefe der Seele geschieht die eigentliche Umkehr und innere Wende des Menschen. Ganz in der Tradition des Alten Testamentes stehend ruft Johannes der Täufer die Menschen auf, umzukehren, wenn sie dem drohenden Gericht Gottes noch entrinnen wollen.

Jesus von Nazareth verkündet ähnlich wie Johannes die Umkehr. Doch er predigt nicht das Gericht, sondern die Nahe Herrschaft Gottes. Weil Gott in ihm selbst zu den Menschen kommt, sollen sie umkehren. Jesu erstes Wort im Markusevangelium lautet: »Die Zeit ist erfüllt, das Reich Gottes ist nahe. Kehrt um, und glaubt an das Evangelium.« (Mk 1,15) Metanoia (Umkehr) heißt eigentlich »umdenken, anders denken, hinter die Dinge schauen«. Die Verbesserung und Veränderung des Verhaltens fängt bei einem neuen Denken an. Erst wenn sich die Gesinnung ändert, kann sich auch das Verhalten wandeln. Im Neuen Testament hat vor allem Lukas den Begriff der Metanoia gerne gebraucht. Als die Juden, die aus allen Teilen des Erdkreises in Jerusalem zusammengekommen waren, durch die Pfingstpredigt des Petrus in ihrem Herzen tief angerührt wurden, fragten sie: »Was sollen wir tun, Brüder? Petrus antwortete ihnen: Kehrt um, und jeder von euch lasse sich auf den Namen Jesu Christi taufen zur Vergebung der Sünden; dann werdet ihr die Gabe des Heiligen Geistes empfangen.« (Apg 2,37f) Dieser Aufruf des Petrus ist kein asketischer Bußruf, sondern eine herzliche Einladung an alle Israeliten, umzukehren. Diese Umkehr wird durch den Ritus der Taufe ausgedrückt.

Die Taufe ist ein Bekenntnis zu Jesus Christus als dem Herrn und Messias. In ihr wird der Umkehrende beschenkt durch die Vergebung der Sünden und durch die Gabe des Heiligen Geistes. Zugleich wird die Vergangenheit abgewaschen, damit der Mensch neu beginnen kann. Dazu wird er befähigt durch die Gabe des Heiligen Geistes.

Der Getaufte wird auch mit dem Geist Jesu Christi erfüllt. So kann er wie Jesus, der ja auch in der Kraft des Geistes predigte und heilte, einen neuen Weg gehen, den Weg zum wahren Leben. Die Metanoia ist Gabe Gottes für Juden und Heiden. Die Heiden müssen sich nicht beschneiden lassen, sie müssen die Welt nur mit anderen Augen sehen, sich von ihrer bisherigen »Unwissenheit« (Apg 3,17) abwenden und sich zu Gott und dem Herrn Jesus Christus hinwenden. Sie sollen den falschen Weg verlassen, umkehren und den neuen Weg gehen, den Weg, den Jesus Christus nicht nur gepredigt hat, sondern den er selbst vorausgegangen ist.

Durch die Beichte oder Buße soll die Versöhnung des Menschen mit Gott erreicht werden. Versöhnung ist ein zentraler Begriff im Neuen Testament. Das deutsche Wort »versöhnen« kommt eigentlich von »versühnen« und bedeutet ursprünglich: »gutmachen«, »still machen«, »beschwichtigen«, »beruhigen«, »küssen«. Die Erfahrung der Germanen, die sich in ihrer Sprache ausdrückt, bezog sich offensichtlich auf die emotionale Verwirrung, auf Zorn, Haß und Wut, die durch das Fehlverhalten anderer in der menschlichen Seele entstehen. Versöhnen heißt dann, dieses emotionale Feuer zu beruhigen und zu beschwichtigen, durch einen zärtlichen Kuß die Bitterkeit versüßen und auflösen.

Das lateinische Wort für Versöhnung ist »reconciliatio«. Es bedeutet: Wiedereingliederung. Hier bezieht sich die Erfahrung auf die Entzweiung und auf den Streit zwischen Menschen und Menschengruppen. Die Versöhnung stiftet Frieden und stellt die Gemeinschaft wieder her. Der Begriff der »reconciliatio« kann sich aber auch auf die Beziehung zu Gott beziehen. Durch die Sünde entfremdet sich der Mensch gegenüber Gott. Er verliert die Beziehung zu ihm. Die Versöhnung, die Wiederherstellung der Gemeinschaft, ist für die Bibel immer ein freies Angebot Gottes an den Menschen. Der Mensch muß die Versöhnung nicht durch irgendwelche Bußwerke bewirken. Er darf sie dankbar annehmen. Für Paulus ist das die Frohe Botschaft, die er im Namen Jesu verkünden darf: »Gott war es, der in Christus die Welt mit sich versöhnt hat ... Wir bitten an Christi Statt: Laßt euch mit Gott versöhnen!« (2 Kor 5,19f)

Das lateinische Wort für Buße »poenitentia« kommt von »poena« (»Strafe«). Hier hat Buße etwas zu tun mit Abbüßen.

Wer gesündigt hat, bekommt eine Strafe und muß diese Strafe abzahlen und abbüßen. Der Akzent verschiebt sich vor allem auf die Bußleistung. In vielen Köpfen ist weiterhin das römische Leistungsprinzip ausschlaggebender als die biblische Botschaft von der Versöhnung. Sie meinen immer noch, sie müßten ihre Strafen abzahlen. Und Buße sei daher etwas Ähnliches wie im Gefängnis sitzen und eine Leistung erbringen, damit die Strafe erlassen wird.

Ein Blick in die Geschichte

Die Kirche kannte von Beginn an Bußriten. In jedem Vaterunser beteten die Christen: »Vergib uns unsere Schuld, wie auch wir vergeben unseren Schuldigern.« So hatte Jesus sie zu beten gelehrt. Das Vaterunser beschloß in der frühen Kirche das Morgen- und Abendlob. Man begann den Tag also mit der Bitte um Vergebung und beschloß ihn damit. Das Vaterunser wurde in jeder Eucharistiefeier vor der Kommunion gebetet. Wenn der Christ im Mahl mit Jesus Christus und durch ihn mit seinen Brüdern und Schwestern einswerden wollte, dann verlangte das die Bereitschaft, umzukehren und seinen Schuldnern zu vergeben. Von Anfang an war die Eucharistiefeier also mit einem Bußritus verbunden. Wenn der Mensch sich Gott nahen will, dann soll er sich nicht wie der Pharisäer seiner Großtaten rühmen, sondern sich wie der Zöllner demütig nahen. Für Lukas ist die demütige Bitte des Zöllners »Gott, sei mir Sünder gnädig!« (Lk 18,13) die Voraussetzung für die Haltung des Christen beim Gebet. So gehört die Bereitschaft zur Buße zu jedem Gebet und jedem Gottesdienst.

Doch erst seit der Wende vom zweiten zum dritten Jahrhundert entwickelte sich ein Bußverfahren für Sünder, die aus der kirchlichen Gemeinschaft herausgefallen waren, weil sie zum Beispiel vom Glauben abgefallen waren oder eine öffentliche Sünde wie Mord oder Ehebruch begangen hatten. Die Entwicklung der Bußrituale zu dieser Wiedereingliederung von Christen war der Beginn des Bußsakramentes. Seine Geschichte ist geprägt durch zwei Quellen: durch die Versöhnungsbeichte, die dem Bußverfahren der christlichen Stadtgemeinden entstammte, und durch die Seelenführungsbeichte, die im frühen Mönchtum praktiziert wurde.

a) Die Versöhnungsbeichte

Durch die Versöhnungsbeichte wurden in der frühen Kirche die Christen, die nach der Taufe in eine schwere Sünde gefallen waren, die also ihren Glauben aufgegeben, Ehebruch oder Mord begangen hatten, wieder in die Gemeinschaft der Kirche aufgenommen. Lange wurde in der Kirche diskutiert, ob es überhaupt möglich sei, einen, der sich in der Taufe ganz für Christus entschieden hatte, aber durch ein Verbrechen von dieser Entscheidung abgefallen war, wieder in die Gemeinschaft der Kirche aufzunehmen. Doch die mildere Praxis setzte sich durch. Wenn der Sünder vor dem Bischof seine Sünde bekannte, wurde er in den Büßerstand aufgenommen. Die Büßer waren dann von der Eucharistiefeier ausgeschlossen.

Im Osten unterschied man verschiedene Stufen des Büßerstandes. Da gab es die Weinenden, die ganz von der

Eucharistie ausgeschlossen waren, die Hörenden, die ihr nur im Vorraum beiwohnten, und die Knienden, die sich während der Eucharistiefeier im Kirchenraum aufhalten durften, aber genauso wie die Stehenden von Gabenbereitung und Kommunion ausgeschlossen waren. Die Büßer bekamen bestimmte Auflagen, die sie erfüllen mußten. Sie mußten sich durch ein christliches Leben bewähren und durch Fasten, Beten und Almosen die Wunden, die sie durch ihre Sünden geschlagen haben, wieder heilen. Im Osten wurde die heilende Wirkung der Bußauflagen betont, im Westen sah man mehr den Aspekt der Wiedergutmachung für das begangene Unrecht. Am Ende der Bußzeit stand die Wiederaufnahme in die kirchliche Gemeinde.

Diese sogenannte »Rekonziliation« wurde in einem eigenen Ritus vollzogen, der das Gebet der Gemeinde, die Handauflegung durch den Bischof und den Empfang der heiligen Kommunion einschloß. An manchen Orten wurde die Handauflegung auch durch eine Salbung ergänzt. (Vgl. Messner, Beichte, 841f) Im Gebet stand die Bitte um die Wiederversöhnung mit der Kirche im Vordergrund. Im Westen war die Bußliturgie vor allem mit der Fastenzeit verbunden. Am Aschermittwoch wurde die Bußzeit eröffnet und am Gründonnerstag die Versöhnung mit der Kirche gefeiert. Am Anfang waren diese Riten nur für die öffentlichen Sünder gedacht, allmählich wurden dann alle Christen einbezogen. Mit dem Aschenkreuz, das den Gläubigen am Aschermittwoch auf die Stirn gezeichnet wurde, drückte man aus, daß alle Christen Sünder sind und der Buße bedürfen, um am Gründonnerstag von neuem das Geheimnis der eucharistischen Gemeinschaft erfahren zu dürfen.

b) Die Andachtsbeichte

Seit dem Frühmittelalter wurde die öffentliche Kirchenbuße allmählich durch die Privatbeichte verdrängt. Sie kam aus Irland auf das Festland. In der frühen Kirche mußte der Sünder erst die Buße leisten, bevor er die Absolution erhielt. In der Privatbeichte wurde die Absolution vor der Buße gegeben, so daß letztere mehr zum symbolischen Akt wurde. Dies hatte nichts mehr mit der anfänglichen öffentlichen Buße zu tun. Die Privatbeichte konnte häufig wiederholt werden. Ja, im 19. Jahrhundert entwickelte sich durch die damals üblichen Volksmissionen der Brauch, möglichst oft zu beichten. Es entstand die sogenannte »Devotions-« oder »Andachtsbeichte«: »Wer oft beichtet, der verdient sich mehr Gnade«, war die damalige Vorstellung. Man verstand die Gnade dabei fast quantitativ, als ob man sich durch ein ganz bestimmtes Tun, wie Beichten oder Ablaßgebete, möglichst viele Gnaden sichern könnte.

Die Beichte wurde in der Frömmigkeit des letzten Jahrhunderts eng an die Eucharistie angelehnt. In der rigorosen Frömmigkeit des Jansenismus, einer katholischen Richtung, die aus dem Frankreich des 17. und 18. Jahrhunderts stammte, glaubte man, der Christ sei nur dann würdig, zur Kommunion zu gehen, wenn er vorher gebeichtet habe. So wurde der Kommunionempfang zum seltenen Ereignis, auf das man sich durch die Beichte vorbereitete. Das wiederum führte dazu, daß wohl noch nie so häufig gebeichtet wurde wie in der ersten Hälfte des 20. Jahrhunderts. Aber dieses Beichtverständnis entsprach nicht mehr der Beichttheologie der frühen Kirche. Daher ist es kein Wunder, daß die bis in die fünfziger Jahre übliche Beichtpraxis heute zusammengebrochen ist.

c) Die Seelenführungsbeichte

Die zweite Quelle unserer heutigen Beichte ist die sogenannte Seelenführungsbeichte, wie sie im frühen Mönchtum praktiziert wurde. Ihre Wurzeln hat diese Art der Beichte schon bei Klemens von Alexandrien († um 215) und Origines († 253/54). Klemens rät den Christen, sich einen erfahrenen Seelenführer zu suchen. Ihm sollen sie ihre Sünden bekennen. Dann wird er für sie Fürbitte halten und ihnen durch Mitleiden beistehen. Origines spricht von geistbegabten Menschen, die die Vergebungsgewalt über die Sünden haben. Wenn sie den Geist haben, sind sie auch Priester, selbst wenn sie keine kirchlichen Amtsträger sind. Den Seelenführer versteht Origines als Arzt. Wenn der Christ ihm seine Sünden bekennt, reicht er ihm die Medizin des göttlichen Wortes. »Die Beichte ist ein quasimedizinischer Vorgang.« (Messner, Beichte, 140) Der Arzt braucht nicht nur eine gute Herzenskenntnis, sondern auch die Gabe des Mitleidens und Mittragens und die Gabe des Gebetes. Er bittet für den Sünder, daß ihm Gott seine Sünden vergebe. Und er steht dem Sünder bei, damit er sich selbst nicht aufgebe. Es ist aber keine sakramentale Lossprechung, die er gibt. In der frühen Geschichte der Beichte kannte man diese sakramentale Lossprechung nicht. Vergebung war immer Sache Gottes. Der Seelenführer legte nur bei Gott Fürbitte ein, daß dieser dem Sünder vergeben möge. Und der Beichtende vertraute dieser Fürbitte.

Die Seelenführungsbeichte war vor allem bei den Mönchen üblich. Jeder Mönch hatte einen geistlichen Vater (Abbas) oder eine geistliche Mutter (Amma), dem/der er seine Gedanken offenbarte. Dabei ging es nicht nur um Schuld, sondern um alle Bewegungen des Herzens, um die Gedanken und Gefühle, um Leidenschaften und Bedürfnisse.

Man sprach mit dem geistlichen Vater auch über seine Träume und über seinen Leib, über Krankheiten und Beschwerden. Denn das alles hielt man für wichtige Informationen über den inneren Zustand der Seele. Der geistliche Begleiter brauchte die Gabe der Unterscheidung der Geister und der Herzenskenntnis, um dem jungen Mönch auf seinem inneren Weg helfen zu können.

Die Seelenführung wurde nicht als Sakrament verstanden, sondern als geistliche Begleitung, die jeder Mönch brauchte, um auf seinem spirituellen Weg weiter zu kommen. Man könnte diese Seelenführung mit dem therapeutischen Gespräch vergleichen. Es ging um ehrliche Selbsterkenntnis, um Fortschritt auf dem Weg zu Gott, aber es ging auch um die dunklen Seiten, um die »bösen Gedanken«, die man dem geistlichen Vater offenbaren sollte, um ihnen ihre Macht zu nehmen. So rät Benedikt von Nursia seinen Mönchen, sie sollten »die bösen Gedanken, die zum Herzen kommen, alsbald an Christus zerschmettern, indem man sie dem geistlichen Vater offenbart« (Benediktusregel 4).

Als die Mönchsgemeinschaften immer mehr Priester in ihre Reihen aufnahmen, wurde auch die Seelenführungsbeichte sakramentalisiert. So ging diese ein in die Devotions- oder Andachtsbeichte. Damit aber wurden die Unterschiede nivelliert und die eigentliche Absicht der monastischen Seelenführung verkannt. »Weil es in der sakramentalen Beichte um Nachlaß von Sünden geht, mußte nun das, was das eigentliche Thema der Seelenführungsbeichte ist, unter dem Aspekt der Sünde dargestellt werden. So entwickelte sich die Devotionsbeichte, in der mangels präsenter Sünden alle möglichen Unvollkommenheiten zu Sünden hochstilisiert oder längst vergebene Sünden nochmals absolviert wurden.« (Bacht 179f)

d) Die Beichte – ein Muß?

Die Geschichte des Bußsakramentes zeigt, daß unsere heutige Form der Beichte als Bekenntnis der Sünden im Beichtstuhl und als kurzer Zuspruch nicht die eigentliche Intention widerspiegelt, die die Kirche mit dem Sakrament der Versöhnung verbunden hat. Wir müssen uns wieder den Quellen zuwenden, um die Beichte dem heutigen Menschen als hilfreiches Angebot näher zu bringen. Leider gibt es auch heute noch Gläubige, die in der Beichte tief verletzt worden sind. Manchmal wurde in der Beichte geistlicher Mißbrauch getrieben. Die Beichtenden wurden ausgefragt und oft genug verurteilt. Es wurden ihnen – kraft des Gehorsams – Weisungen gegeben, die sie überforderten und verletzten. Anstatt Verständnis und Barmherzigkeit erfuhren sie Härte und Unbarmherzigkeit. Solche Verletzungen haben in vielen Angst vor der Beichte hervorgerufen oder völlige Abkehr von ihr bewirkt.

Viele meinen, als Christen »müßten« sie beichten. Doch es gibt kein »Muß« für die Beichte. Wir dürfen beichten. Wir dürfen in der Beichte Gottes Zuwendung und Vergebung erfahren. Theologisch gesehen müssen wir nur die Todsünden beichten. Todsünden sind aber nur Sünden, bei denen wir uns in einem schwerwiegenden Fall aus völlig freiem Gewissen bewußt gegen Gott entscheiden. Die meisten Sünden sind aber nicht Sünden der bewußten Entscheidung gegen Gott, sondern Sünden der Schwäche, Sünden, in denen wir von unseren Emotionen und Leidenschaften beherrscht werden. Und die Psychologie sagt uns, daß eine absolut freie Entscheidung eher selten ist. Für die meisten Sünden und Fehler, die wir beichten, bedarf es nicht der Absolution, sondern eher einer »zielstrebigen Läuterungsarbeit« (Bacht 181). Daher wird vieles, was früher in der Seelenführungsbeichte behandelt wurde, heute in der geistlichen Begleitung angesprochen. Dort geht es darum, die Abgründe des eigenen Herzens kennenzulernen und Strategien zu entwickeln, wie das Verhalten verändert werden und Bewegung in die psychologischen Mechanismen der immer gleichen Fehler kommen kann.

Wenn die meisten Beichten, die wir als Priester im Beichtstuhl oder beim Beichtgespräch erleben, auch Seelenführungsbeichten sind, so gibt es heute durchaus noch die Rekonziliations- oder Versöhnungsbeichte. Wenn Menschen in eine Schuld geraten sind, die sie sich selbst nicht vergeben können, brauchen sie die Erfahrung, daß sie von Gott angenommen und in die menschliche Gemeinschaft wieder aufgenommen werden. In der Schuld fühlen sie sich von der menschlichen Gemeinschaft ausgeschlossen. Sie brauchen den Ritus der Beichte, um sich wieder als Mitglied der menschlichen Gemeinschaft fühlen und mit sich selbst aussöhnen zu können. Versöhnung ist natürlich in jeder Beichte mit dabei. Denn wir kommen immer wieder zu Gott als Menschen, die sich selbst nicht annehmen können, die unzufrieden sind mit sich und die daher in der Beichte die Annahme von Gott sichtbar und sinnenhaft erfahren möchten.

Aber wir müssen die beiden Aspekte Rekonziliation und Seelenführung auseinanderhalten, um der Gefahr zu entgehen, alles gleich als Sünde zu benennen und überall Sünden zu wittern. Um die Beichte richtig verstehen und praktizieren zu können, müssen wir daher erst einmal klären, was Sünde und Schuld eigentlich sind und wie wir damit umgehen sollen.

e) Laienbeichte – Priesterbeichte

In der frühen Kirche trat der Priester bei der Beichte vor allem als Fürbittender auf, der solidarisch mit dem Sünder dessen Schuld trägt. Daher war es nicht unbedingt notwendig, daß man seine Sünden einem Priester beichtete. Die Zusage der Vergebung konnte auch durch einen Laien erfolgen. Diese Auffassung bestand auch im Mittelalter noch weiter, während dem die Laienbeichte weit verbreitet war. Der englische Mönch und Kirchenlehrer Beda Venerabilis († 735) entnahm »der Aufforderung in Jakobus 5,16 (»Bekennt einander eure Sünden, und betet füreinander, damit ihr geheilt werdet«), daß ein Christ, sofern er nicht von schwerer Schuld belastet ist, die er vor den Priester bringen muß, eine Beichte vor dem Nächsten ablegen kann, um durch dessen Fürbitte Verzeihung zu erlangen.« (Messner, Feiern der Umkehr und Versöhnung, 180) Die Laienbeichte war noch bis ins 16. Jahrhundert üblich. Ignatius von Loyola hat vor der Schlacht von Pamplona (1521) einem einfachen Soldaten gebeichtet. Albertus Magnus bezeichnet auch die Laienbeichte als Sakrament. Thomas von Aquin nennt sie zumindest »irgendwie sakramental«.

Daß die Beichtvollmacht allein dem Priester zusteht, kam erst in der scholastischen Theologie auf. Thomas von Aquin begründet das in seiner Sakramententheologie damit, daß allein der Priester im Sakrament Christus und sein Heilshandeln repräsentiert. Der Priester ist nach Thomas Instrument Christi. Er sagt dem Beichtenden in der Vollmacht Christi Gottes Vergebung zu. Während bis ins Mittelalter hinein der Priester dem Beichtenden die Vergebung durch eine Fürbitte zugesprochen hat, wird von Thomas an die indikative Absolutionsformel üblich: »Ich spreche dich los von deinen Sünden.« Thomas begründet das damit, daß der Priester in der Vollmacht Christi handelt und daß die Zusage im Indikativ dem Beichtenden eine größere Vergebungsgewißheit vermittelt. Die Ansicht des heiligen Thomas wurde 1439 durch das sogenannte Armenierdekret des Konzils von Florenz kirchenamtlich verbindlich.

Der Blick in die Geschichte des Beichtsakramentes zeigt, daß die einseitige Fixierung auf die Vollmacht des Priesters der ursprünglichen Intention nicht entspricht. Das ursprüngliche Ziel der Beichte war es, daß der Sünder wieder voll in die Gemeinschaft der Kirche integriert würde. Die Sünde trennte ihn von der Gemeinschaft. Daher durfte er im Gespräch mit einem Bruder oder einer Schwester erfahren, daß diese für ihn beten, Gott möge ihm gnädig sein und alle seine Sünden vergeben. Dieses fürbittende Gebet um Vergebung half dem Sünder, an die Vergebung Gottes zu glauben und sich wieder als Glied der Kirche zu fühlen. Für mich zeigt die Geschichte, daß es auch heute sinnvoll wäre, neue Formen der Laienbeichte zu entwickeln. Viele Seelsorger oder Seelsorgerinnen meinen, sobald von Schuld die Rede sei, müsse der Hilfesuchende unbedingt zu einem Priester zum Beichten gehen. Nur dort könne ihm die Schuld vergeben werden. Doch das entspricht nicht dem Sinn des Sakramentes. Der Therapeut, die Seelsorgerin, der geistliche Begleiter, sie alle können dem Ratsuchenden anbieten, für ihn um Vergebung seiner Schuld zu beten. Und sie dürfen darauf vertrauen, daß Gott dem Sünder wirklich vergibt.

Nach kirchenamtlicher Lehre ist allein dem Priester die Absolution vorbehalten. Bei einer schweren Sünde muß der Beichtende zu einem Priester gehen, um die Vergebung zu erfahren. Das hat durchaus einen Sinn. Eine schwere Sünde ist ja eine bewußte Abkehr von Gott in einer schweren Sache, mit vollem Wissen und in voller Freiheit. Wer schwer sündigt, stellt sich bewußt außerhalb der Kirche. Er braucht den Priester als den amtlichen Vertreter der Kirche, damit er ihn im Ritus der Beichte wieder in die Gemeinschaft der Kirche aufnimmt. Das ist die kirchliche Begründung für die Beichte bei einem Priester. Eine psychologische Begründung wäre, daß der, der schwer gesündigt hat, den Ritus der Kirche braucht, der allein dem Priester vorbehalten ist, um an die Vergebung seiner Schuld glauben zu können. Der Ritus löst seine unbewußten Blockaden gegen die Vergebung auf und läßt die Vergebung bis in die Tiefen seines Unbewußten vordringen, so daß er sich wirklich befreit fühlt und sich wieder ganz und gar als Glied der Kirche fühlen kann.

Umgang mit Schuld

Häufig hört man die Klage, daß der moderne Mensch kein Gespür mehr für Schuld und Sünde habe und daß die nachlassende Beichtpraxis mit dem mangelnden Schuldbewußtsein zusammenhänge. Sicher hat der Mensch heute kein Verständnis mehr für den traditionellen Begriff der Sünde als Übertretung von Geboten. Wir können die Gebote heute nicht mehr so eindeutig verstehen wie die Menschen in früheren Zeiten. Und aus der Psychologie wissen wir, daß sich hinter der korrekten Fassade eines gesetzestreuen Christen viel Aggressivität und Falschheit verbergen können. In den Bereichen, die manche der von der Kirche vorgeschlagenen Kataloge zur Gewissenserforschung, die sogenannten »Beichtspiegel«, abdecken, fühlt sich der Mensch heute nicht mehr schuldig. Aber wenn wir die moderne Dichtung aufschlagen, so sehen wir, daß sich viele Dichter immer wieder mit der Frage der Schuld beschäftigen, in die sich Menschen verstricken. »Die moderne Literatur deckt dem Menschen heute unerbittlich auf, wo er schuldig wird. Schuldig wird der Mensch, wenn er die Wirklichkeit nicht erkennt, wie sie ist, wenn er gleichgültig mit allen nur mitläuft. Der Mensch macht sich schuldig, wenn er aus Trägheit, Denkfaulheit und mangelndem Mut die gesellschaftlichen Verhältnisse nicht ändert. Die totale Welt des Geschäfts, die Verurteilung zu Leistung und Erfolg drängen ihn in die Schuld, ohne daß er es merkt.« (Grün 226)

a) Schuld und Schuldgefühle

Die Psychologen stellen heute beides fest: auf der einen Seite ein mangelndes Bewußtsein für das Schuldigwerden und auf der anderen Seite ein Überhandnehmen der Schuldgefühle. Dabei müssen wir unterscheiden zwischen realer Schuld und

Schuldgefühlen. Viele Schuldgefühle zeigen keine wirkliche Schuld an, sie sind vielmehr Ausdruck mangelnder Klarheit und mangelnden Selbstvertrauens.

Viele fühlen sich schuldig, weil das eigene Über-Ich sie anklagt. Sie haben die Gebote und Werte der Eltern so verinnerlicht, daß sie sich nur mit Schuldgefühlen davon befreien können. Eine junge Frau, die als Kind von ihrer Mutter ständig zur Arbeit angetrieben wurde, fühlt sich schuldig, wenn sie sich einmal ausruht und sich etwas gönnt. Andere fühlen sich schuldig, wenn sie die Erwartungen der anderen, des Ehepartners, des Freundes, des Arbeitskollegen nicht erfüllen können. Wieder andere verurteilen sich für die Gefühle von Haß und Neid, die in ihnen hochkommen. Sie bestrafen sich durch Schuldgefühle, wenn sie Aggressionen in sich wahrnehmen. Statt den Aggression auf den Grund zu gehen und in ihr Lebenskonzept zu integrieren, richten sie sie gegen sich selbst. Die Aufgabe der Psychologie und auch einer guten Seelsorge besteht darin, zwischen Schuldgefühlen und echter Schuld zu unterscheiden.

Da Schuldgefühle immer unangenehm sind, hat der Mensch viele Mechanismen entwickelt, ihnen aus dem Weg zu gehen. Ein Weg, Schuldgefühle zu verdrängen, ist die Projektion auf andere, auf einzelne Menschen, auf Gruppen oder Strukturen. Der Mensch wehrt sich gegen die Schuldgefühle, weil sie das eigene Idealbild zerstören und ihn von der Gemeinschaft der Menschen trennen. Das Eingeständnis der eigenen Schuld würde ihm den Lebensboden entziehen, auf dem er steht, und wäre »eine radikale Bedrohung seines Menschseins« (Affemann 132). So ist es nur verständlich, daß wir unsere Schuld verdrängen. Doch das führt zur Erstarrung des Lebens in Wiederholungszwängen, zu Unempfindlichkeit und Apathie. Verdrängte Schuldgefühle äußern sich in Zorn, Angst, Gereiztheit und Verstocktheit.

Der Verlust des Gespürs für wirkliche Schuld bedeutet letztlich einen Verlust des Menschseins. »Wenn der Mensch die Möglichkeit, Schuldiger zu sein, nicht mehr wahrnimmt, dann nimmt er seine wesentliche Existenztiefe, das Eigentliche und ihn Auszeichnende, seine Freiheit und Verantwortung, nicht mehr wahr.« (Görres 77) Wenn das Bewußtsein für die Schuld verloren geht, dann äußert sich das Böse im Menschen nicht mehr »als schlechtes Gewissen, sondern nur noch als diffuse Angst oder Depression, als vegetative Dystonie« (Görres 78). Anstelle der Schuldgefühle plagen den Menschen dann Versagensängste und Depressionen.

Die Psychologie beschäftigt sich aber nicht nur mit den Schuldgefühlen, sondern auch mit der realen Schuld. Für C. G. Jung besteht die Schuld in einer Spaltung: Ich weigere mich, mich so zu sehen und anzunehmen, wie ich bin. Was unangenehm ist, das verdränge ich, das spalte ich ab. Schuld ist für Jung nicht etwas Notwendiges, in das der Mensch unausweichlich gerät, sondern hat durchaus mit freier Entscheidung zu tun. Ich verschließe bewußt meine Augen vor dem, was dem eigenen Idealbild widerspricht. Der Mensch möchte immer wieder seiner Wahrheit ausweichen. Die einen gehen der eigenen Wirklichkeit aus dem Weg, indem sie ihre Schuld verharmlosen, die anderen, indem sie ihre Reue übertreiben. Statt seiner Schuld ins Auge zu sehen und umzukehren (Umkehr = Buße), genießt man dann die Reue »wie ein warmes Daunenbett an einem kalten Wintermorgen, wenn man aufstehen sollte. Diese Unehrlichkeit, dieses

Nicht-sehen-Wollen macht, daß es zu keiner Konfrontation mit dem eigenen Schatten kommt« (Jung, GW Bd 8, 680).

b) Schuld als Chance

Der Mensch wird nach C. G. Jung schuldig, wenn er sich weigert, der eigenen Wahrheit ins Auge zu sehen. Aber es gibt für Jung auch eine fast notwendige Schuld, der der Mensch nicht entrinnen kann. »Nur ein höchst naiver und unbewußter Mensch kann sich einbilden, er sei imstande, der Sünde zu entrinnen. Die Psychologie kann sich dergleichen kindliche Illusionen nicht mehr leisten, sondern muß der Wahrheit gehorchen und sogar feststellen, daß die Unbewußtheit nicht nur keine Entschuldigung, sondern sogar eine der ärgsten Sünden ist. Menschliches Gericht mag sie von Strafe befreien, um so unbarmherziger aber rächt sich die Natur, die sich nicht darum kümmert, ob man sich einer Schuld bewußt ist oder nicht.« (Jacobi 242) Die Schuld ist eine Chance, die eigene Wahrheit zu entdecken, in die Tiefe seines Herzens zu schauen und dort auf seinem Grund Gott selbst zu finden.

Unsere Aufgabe besteht darin, den eigenen Schatten anzunehmen und in aller Demut die eigene Schuld zu akzeptieren. Denn auf dem Weg der Selbstwerdung gerät der Mensch immer auch in Schuld. Jung will das nicht entschuldigen oder uns gar zur Schuld einladen, sondern er stellt einfach fest, was immer wieder geschieht. Wenn sich der Mensch seiner Schuld stellt, schadet sie ihm nicht auf dem Weg der Bewußtwerdung. Der Umgang mit der Schuld erfordert aber eine moralische Leistung. Sich der Schuld bewußt zu werden, verlangt zugleich, etwas bei sich zu ändern und zu verbessern. »Was im Unbewußten bleibt, verändert sich bekanntlich nie, nur im Bewußtsein lassen sich psychologische Korrekturen anbringen. Das Bewußtsein der Schuld kann daher zum gewaltigsten moralischen Antrieb werden... Ohne Schuld gibt es leider keine seelische Reifung und keine Erweiterung des geistigen Horizontes.« (Hartung 50f) Die Erfahrung der eigenen Schuld kann so den Beginn einer inneren Wandlung anzeigen.

c) Das Böse

Die Psychologie verbietet uns, die Sünde zu einseitig als Übertretung der Gebote zu verstehen. Schuld und Triebschicksal, Fehlentwicklung und mißlungene Erlebnisverarbeitung liegen eng nebeneinander. Und es läßt sich nicht immer genau analysieren, wo in einem objektiv bösen Verhalten der Anteil an Schuld liegt. Aber die Psychologie rechnet auch damit, daß wir schuldig werden können, wenn wir dem Bösen in uns Raum geben, wenn wir die Aufarbeitung unserer Vergangenheit verweigern und uns ohne Kampf einfach vom Bösen bestimmen lassen.

Albert Görres hat einige Deutungen des Bösen durch die Psychologie – vor allem durch Sigmund Freud – beschrieben: Für Sigmund Freud ist das Böse das Unzweckmäßige im Hinblick auf Glück und Wohlbefinden. Das Böse ist das, was die Gesellschaft verbietet und bestraft, weil es das menschliche Zusammenleben stört. Das Böse entsteht, wenn die Triebbedürfnisse aufgrund übermäßiger Versagungen oder Forderungen »Formen annehmen, die das Zusammenleben bedrohen« (Görres 78). »Eine nie versiegende Quelle des Bösen ist die Übertragung. Ein lieblos und ungerecht behandeltes Kind überträgt als Erwachsener den Groll, die Rachsucht gegenüber den Eltern auf andere Personen. Sie werden behandelt, als seien sie die der Rache würdigen Eltern. Viel Böses bei Erwachsenen ist nachträgliches Begleichen alter Rechnungen bei den falschen Schuldnern« (Görres 80), »unaufhörliches Nachtarocken am falschen Platz« (ebd 136). Das Böse ist für Freud also auch eine Fehlleistung, eine Fehlentwicklung aufgrund mißlungener Verarbeitung von seelischen Verwundungen. Das Böse nimmt immer dann überhand, wenn einem Menschen zu lange eine angemessene Befriedigung seiner Triebe und Wünsche versagt wird. Die negativen Erfahrungen in der Kindheit führen dann meist zum Teufelskreis böser Taten und quälender Schuldgefühle. Die Vorstellung der »Tugendhaften«, die Menschen würden aus reiner Lust das Böse tun, weist Görres zurück: »Das Böse ist meist keine fröhliche Bosheit aus vollem Herzen, kein Genuß ohne Reue, sondern eine gequälte, zwanghafte und suchthafte oder angst- und triebgejagte, eine leidvolle Reaktion auf unerträgliche Verwundungen und Entbehrungen.« (Görres 134)

Die Psychologie bewahrt uns vor einseitiger Verurteilung von Menschen, die Böses tun. Aber zugleich zeigt sie uns, daß auch für die psychische Entwicklung des Menschen die Vergebung eine entscheidende Voraussetzung ist. Nur wenn ich den Menschen vergeben kann, die mich gekränkt und gequält haben, kann der Eisblock eingefrorener Haßgefühle schmelzen, kann ein Stück Böses verwandelt und bewältigt werden. Und das sind wir nicht nur uns selbst, sondern auch der Gesellschaft schuldig. Ohne Vergebung wuchert das Böse weiter wie ein Krebsgeschwür.

d) Weder be- noch entschuldigen

Die Frage ist, wie wir mit unserer Schuld umgehen sollen. Wir müssen uns vor zwei Tendenzen hüten: vor dem Beschuldigen und vor dem Entschuldigen. Wenn wir uns selbst beschuldigen, zerfleischen wir uns mit Schuldgefühlen und bestrafen uns damit selbst. Wir dramatisieren unsere Schuld. Dadurch fehlt uns die Distanz zur eigenen Schuld. Wir gehen nicht wirklich mit der Schuld um, sondern lassen uns von ihr beherrschen und nach unten ziehen. Diese Selbstentwertung ist häufig unrealistisch, sie entspricht nicht der Wirklichkeit (vgl. Rauchfleisch 360). Sie verhindert daher eine ehrliche Selbstkritik und Selbstverantwortung. Man verurteilt sich in Bausch und Bogen und meidet ein echtes Hinschauen auf die tatsächlichen Sachverhalte. Oft ist diese Selbstbeschuldigung nur die Kehrseite des Stolzes. Im Grunde möchte man besser sein als die anderen und sich über sie erheben. Aber dann kommt die Stimme des eigenen Über-Ichs, die das verbietet. Und so bestraft man seine Versuchung zur Selbsterhöhung. Oft bezeichnen sich solche Menschen dann als die schlimmsten Sünder, die es gibt. Weil sie nicht die Besten sein können, müssen sie die Schlimmsten sein. Sie weigern sich, ihre Durchschnittlichkeit anzuerkennen und wollen die anderen auf jeden Fall übertreffen, wenn schon nicht im Guten, dann wenigstens im Bösen. Ihnen täte Demut gut, der Mut, zu sich und seiner Menschlichkeit und Erdhaftigkeit (humilitas) zu stehen.

Die andere Gefahr besteht darin, sich zu entschuldigen. Auch das ist eine Weise, vor der Schuld davonzulaufen. Ich suche nach tausend Gründen, warum ich nicht schuldig geworden bin, und versuche, mich mit allen möglichen Beweisgründen zu rechtfertigen. Doch je mehr ich mich rechtfertigen möchte, desto größer werden die Zweifel, die in mir auftauchen. Und es bleibt mir nichts anderes übrig, als nach immer neuen Gründen der Rechtfertigung zu suchen. Die Weigerung, mich meiner Schuld zu stellen, stürzt mich in Betriebsamkeit. Ich kann die Stille nicht aushalten. Denn da würden sofort meine Schuldgefühle auftauchen, und ich würde spüren, daß meine Rechtfertigungsversuche ins Leere zielen.

e) Das befreiende Gespräch

Sich der eigenen Schuld zu stellen, gehört zur Würde des Menschen und ist Ausdruck seiner Freiheit. Wenn ich meine Schuld verharmlose, indem ich sie auf andere schiebe oder nach Ausflüchten suche, beraube ich mich dieser Würde, nehme mir meine Freiheit. Indem ich aber die Verantwortung für mein Versagen übernehme, verzichte ich auf alle Rechtfertigungsversuche und Schuldzuweisungen an andere. Das ist die Bedingung dafür, daß ich als Mensch innerlich weiterkomme, daß ich aus dem Gefängnis der permanenten Selbstbestrafung und Selbsterniedrigung ausbreche und zu mir selbst finde.

Das Eingeständnis der Schuld gegenüber einem Menschen führt oft zur Erfahrung einer größeren Nähe und eines tieferen Verständnisses füreinander (vgl. Rauchfleisch 354).

Daher ist das Gespräch mit einem anderen der angemessene Weg für unseren Umgang mit der Schuld. Im Gespräch gestehe ich meine Schuld ein, aber zugleich distanziere ich mich von ihr. Ich erkläre meine Bereitschaft, die Grundregeln der menschlichen Gemeinschaft zu akzeptieren. »In einem solchen Gespräch kann ich erfahren, daß mich nichts mehr von den anderen trennt, weil ich nichts mehr zu verbergen habe. Ich erlebe, daß der oder die andere meine Schuld anschaut und nicht erschrickt oder von Abscheu überrollt wird oder zu einem Vergeltungsschlag ausholt, sondern sich als Mensch zu mir stellt, dem das Menschliche nicht fremd ist.« (Wachinger 244)

Der Gesprächspartner muß meine Schuldgefühle ernst nehmen, selbst wenn sie nicht auf reale Schuld hinweisen, sondern eher auf ein allzu strenges Über-Ich schließen lassen. Jedes Schuldgefühl hat seinen Grund. Oft liegt der Grund in Konflikten der Kindheit. Auch wenn das Schuldgefühl noch so abstrus zu sein scheint, muß es der Berater ernst nehmen und für berechtigt halten (vgl. Rauchfleisch 361). Die Kunst des Beichtvaters oder der Beichtmutter besteht darin, die Schuldgefühle weder zu verstärken noch zu beschwichtigen. Wenn ich die Selbstvorwürfe des anderen nur bagatellisiere, nehme ich ihn in seiner Not nicht ernst. Ich gebe mir nicht die Mühe, mich wirklich in den anderen hineinzuversetzen. Besser ist es da, den anderen zu ermutigen, seine Schuldgefühle genauer anzusehen. Welche Gefühle verbindet er damit? Wo drückt sich das Schuldgefühl in seinem Leib aus? Welche Gedanken tauchen da in ihm auf? Welche Vorwürfe macht er sich selbst? Woran erinnert ihn sein Schuldgefühl? Verbinden sich mit seinem Schuldgefühl Erfahrungen von Schuld aus seiner Vergangenheit? Ich ermutige den Beichtenden, seine Gefühle anzuschauen, ohne sie zu bewerten. Wenn er mit ihnen kommuniziert, dann werden sie ihn zur eigentlichen Wahrheit seiner Seele führen.

Schuldgefühle haben immer einen Grund. Das Problem bei krankhaften Schuldgefühlen ist nur, daß der Beichtende nicht die eigentlichen Quellen seiner Schuldgefühle kennt, sondern sie an Erfahrungen festmacht, die sekundär sind. »Was er uns heute als Ursache seiner Schuldgefühle nennen kann, ist nicht der eigentliche Konfliktherd, sondern eine chiffrierte Darstellung seiner Probleme, die sich daraus nur indirekt erschließen lassen.« (Rauchfleisch 363) Die Aufgabe des Beichtvaters wäre es, nach den eigentlichen Quellen seiner Schuldgefühle zu forschen, ihn an die ursprüngliche Schuld heranzuführen, die er vielleicht noch nie mit Namen genannt hat. Oft wird man dann im Gespräch über die Schuldgefühle auf verdrängte Aggressionen, auf verbotene Triebregungen, auf unterdrückte Sexualität und auf Tendenzen der Selbstverletzung stoßen. Der Sinn der Beichte wäre dann, sich der eigenen Wahrheit zu stellen und sich damit auszusöhnen. Vielleicht erkennt der Beichtende im Gespräch, daß seine eigentliche Schuld nicht in dem liegt, was er gebeichtet hat, sondern in der Weigerung, sich der eigenen Wahrheit zu stellen.

II. Die Gestaltung des Bußsakramentes

Wenn ich in unserer Kirche im Beichtstuhl sitze, um »Beichte zu hören«, dauern die meisten Beichten nur ein paar Minuten. Oft ist es sehr formelhaft, was die Menschen anbieten. Da ist es für mich nicht leicht, das Sakrament sinnvoll zu feiern. Aber ich weiß, daß sich manche schwer tun, persönlich über sich zu sprechen. So frage ich zumindest, was ihnen von dem, was sie erzählt haben, am meisten leid tue oder was ihnen am meisten Probleme bereite. Manche sind dankbar für diese Einladung und erzählen auf einmal sehr persönlich, was sie wirklich bewegt. Andere tun so, als ob sie meine Frage nicht gehört hätten. Dann verzichte ich darauf, in sie einzudringen. Ich respektiere, daß sie ihre Beichte nur in der angelernten Weise vollziehen können. So bleibt mir nichts anderes übrig, als einen liebevollen Zuspruch zu geben, ihnen Mut zu machen, sich selbst zu vergeben. Und ich versuche, als Buße nicht nur ein Vaterunser aufzugeben, sondern sie einzuladen, einige Minuten nachzudenken, wofür sie in ihrem Leben dankbar sein dürfen oder wo sie sich Verwandlung wünschen. So hoffe ich, daß die Beichte auch für sie nicht nur Formel bleibt.

Im folgenden habe ich weniger die Beichte im Beichtstuhl im Blick, sondern beschränke mich auf das Beichtgespräch, das in einem eigenen Beichtzimmer stattfinden kann. Hier ist mehr Zeit vorhanden, einen wirklichen Ritus zu feiern.

Begrüßung

Die Beichte beginnt mit einer kurzen Begrüßung. Der Priester und der Beichtende stellen sich im Kreuzzeichen unter die barmherzige Liebe Gottes, die im Kreuz am sichtbarsten aufgeleuchtet ist. Dann kann der Priester ein kurzes Gebet sprechen. Im Ritus vorgesehen ist der Segenswunsch: »Gott, der unser Herz erleuchtet, schenke dir wahre Erkenntnis deiner Sünden und seiner Barmherzigkeit.« Ich bete lieber in persönlichen Worten, etwa so: »Barmherziger und guter Gott, NN ist zu dir gekommen, um dir sein Leben mit allen Höhen und Tiefen hinzuhalten. Laß ihn erkennen, was ihn auf dem Weg zu dir und zu seiner eigenen Lebendigkeit hindert. Sende ihm deinen Heiligen Geist und befreie ihn von allem, was ihn bedrückt. Laß ihn an deine Vergebung glauben und schenke ihm deinen Hl. Geist, damit er sich selbst vergeben kann, so daß er gestärkt und befreit auf seinem Weg weitergehen kann. Darum bitte ich dich durch Christus, unsern Herrn.«

Der Ritus der Beichte sieht dann vor, daß der Priester einen Text aus der Bibel vorliest. Das Rituale »Die Feier der Buße« sieht eine Reihe von Schrifttexten vor, etwa aus dem Römerbrief (Röm 3,22-26; 5,6-11; 6,2-13; 12,1f.9-19; 13,8-14) oder dem ersten Johannesbrief (1 Joh 1,5-10; 3,1-24; 4,16-21) oder aber aus den Evangelien, zum Beispiel Matthäus (Mt 3,1-12; Mt 4,12-17; Mt 9,9-13) oder Lukas (Lk 15,1-10; Lk 15,11-32; Lk 17,1-4; Lk 18,9-14). Mir persönlich sagt am meisten eine Stelle aus dem ersten Johannesbrief zu: »Das ist die Botschaft, die wir von ihm gehört haben und euch verkünden: Gott ist Licht, und keine Finsternis ist in ihm. Wenn wir sagen, daß wir Gemeinschaft mit ihm haben, und doch in der Finsternis leben, lügen wir und tun nicht die Wahrheit ... Wenn wir sagen, daß wir keine Sünde haben, führen wir uns selbst in die Irre, und die Wahrheit ist nicht in uns. Wenn wir unsere Sünden bekennen, ist er treu und gerecht; er vergibt uns die Sünden und reinigt uns von allem Unrecht.« (1 Joh 1,5-10) Dieser Text lädt den Beichtenden dazu ein, genauer hinzusehen, wo es in ihm dunkel ist. Im Licht von Gottes Liebe wagt er es, seine Wahrheit Gott hinzuhalten. Das Wort der Bibel hat eine Kraft in sich und schafft eine Atmosphäre, in der es uns leichter fällt, zu unserer Schuld zu stehen und sie offen zum Ausdruck zu bringen.

Selbstprüfung

Viele wissen nicht, was sie beichten sollen. Sie sind unzufrieden mit den üblichen Beichtspiegeln, in denen ihnen geraten wird, was sie alles bei sich selbst erforschen sollen. Manche zählen die Gebote auf und klagen sich an, daß sie dieses oder jenes Gebot übertreten haben. Aber das erscheint vielen als zu oberflächlich und schematisch. Bewährt hat sich, das Bekenntnis nach drei Gesichtspunkten zu ordnen: Meine Beziehung zu Gott, mein Verhältnis zu mir selbst und meine Beziehung zum Nächsten. Der Beichtende kann diese drei Bereiche durchgehen und erzählen, wie es ihm damit geht, wo er unzufrieden ist mit sich selbst und wo er sich schuldig fühlt.

Viele sagen, sie hätten nicht viel zu beichten. Vor allem hätten sie nichts, was sie bereuen müßten. Es geht auch nicht darum, nur die Schuld zu beichten. Es ist schon viel, wenn man über sein Leben reflektiert und es zur Sprache bringt. Und sicher gibt es da Bereiche, in denen man nicht so zufrieden ist mit sich selbst. Man kann natürlich oft nicht klar entscheiden, ob das nun Sünde ist oder nur Schwäche, Unachtsamkeit, die täglichen Fehler. Das ist auch nicht so wichtig. Es geht darum, sein Leben zu bedenken und das anzusprechen, was einen zumindest beunruhigt. Wenn jemand etwa einen Konflikt beschreibt, den er mit seinem Vater oder seiner Mutter oder mit einem Chef oder Mitarbeiter hat, dann soll er einfach erzählen, wie es ihm damit geht, welche Gefühle er hat, wie er sich verhält. So wird im Gespräch deutlich, wo sein Anteil an Schuld liegt und was er für sich selbst verändern kann. Es hat wenig Sinn, dem Konflikt einfach aus dem Weg zu gehen oder ihn einseitig von sich aus zu lösen. Das Gespräch könnte zeigen, was hilfreich ist. Vielleicht braucht er mehr inneren Abstand. Auf jeden Fall sollte im Gespräch deutlich werden, daß die Schuld nie nur bei einem einzigen liegt, sondern daß immer beide ineinander verstrickt sind. Und diese Verstrickung gilt es aufzulösen, damit man den anderen objektiver sehen kann.

Manche kommen zum Beichtgespräch mit einer konkreten Schuld, mit etwas, was sie gerade jetzt sehr belastet. Sie beschränken sich dann im Gespräch auf diese eine Sache. Das ist sinnvoll. Sie beichten nur das, was sie im Augenblick bedrückt. Aber sie möchten sich diesem Problem wirklich stellen. Wenn sie ihre Problematik erzählen, kann der Priester nachfragen, wie es ihnen damit geht, was sie anders machen können, was sie sich selbst zutrauen und was sie sich wünschen. Und er kann sie fragen, ob sie bereit sind, sich diese Schuld auch selbst zu vergeben. Denn es nützt wenig, wenn sich der Beichtende nur anklagt und beschuldigt, aber nicht bereit ist, an die Barmherzigkeit Gottes zu glauben und mit sich selbst barmherzig zu sein. Die Fragen des Beichtvaters sollen nicht der Neugier entspringen, sondern dem Beichtenden helfen, mehr zu erzählen und durch das Sprechen selbst klarer zu sehen, wo das eigentliche Problem liegt. Im Sprechen kommen seine Gefühle zum Vorschein und können sich klären.

Weil viele Probleme damit haben, was sie beichten und wie sie über sich selbst sprechen sollen, möchte ich ein paar Anregungen geben. Bei der Beziehung zu Gott kann man sich fragen: Welche Rolle spielt Gott in meinem Leben? Rechne ich mit ihm? Suche ich ihn? Oder lebe ich an ihm vorbei? Wie beginne ich meinen Tag, wie beschließe ich ihn? Habe ich da Rituale, die mich an Gottes Gegenwart erinnern? Stelle ich mich morgens unter den Segen Gottes? Nehme ich mir Zeit zum Beten, zur Stille, zum Lesen? Ist meine zu Gott Beziehung leer geworden? Wonach sehne ich mich? Benutze ich Gott für mich oder halte ich mich Gott so hin, wie ich bin? Ist Gott wirklich das Ziel meines Lebens und die Quelle, aus der heraus ich lebe? Alle diese Fragen beschäftigen sich nicht zuerst mit der Frage der Schuld, sondern mit der Qualität meiner Beziehung. Und das Gespräch darüber will mich dafür sensibel machen, wo ich mich Gott gegenüber verschließe. Denn dieses Verschließen hat durchaus mit Schuld zu tun, auch wenn ich dabei kein Gebot übertrete. Es ist eine Frage meines Herzens, woran es sich hängt und wovon es sich bestimmen läßt.

Beim Verhältnis zu mir selbst kann ich mich fragen, wie ich mit mir selbst umgehe. Lebe ich selbst oder werde ich gelebt? Bin ich innerlich frei, oder mache ich mich abhängig von Menschen, von Dingen und Gewohnheiten? Wie sind meine Eß- und Trinkgewohnheiten? Gehe ich gut mit meiner Gesundheit um? Tue ich etwas für meine Gesundheit? Wie sind meine Rituale? Gestalte ich meinen Tag oder lebe ich in den Tag hinein? Verurteile ich mich selbst? Werte ich mich selbst ab? Was sind meine Gedanken? Was sind meine Phantasien und Gefühle? Woher kommen sie? Wie gehe ich damit um? Wie gehe ich mit meinem Leib um? Wie gehe ich mit meiner Sexualität um? Hänge ich depressiven Gefühlen nach, bade ich im Selbstmitleid? Ziehe ich mich selbst hinunter, indem ich mich ständig bedauere?

Bei der Beziehung zum Nächsten kann man anfangen mit den Beziehungen, die einen besonders belasten. Wie sehe ich den Konflikt von meiner Seite aus? Wie mag es dem anderen dabei ergehen? Was ist die Vorgeschichte des Konflikts? Woran erinnert mich der andere? Warum fällt es mir so schwer, ihn anzunehmen? Wo verletzt er mich? Was ist die empfindliche Stelle in mir? Es geht darum, den Konflikt zu schildern, ohne sich selbst oder den anderen gleich zu be- oder zu entschuldigen. Beim Erzählen kann klar werden, wo mein Anteil an Schuld liegt und was ich an mir verbessern kann. Wenn ich meine Beziehungen zu anderen Menschen reflektiere, kann ich mich fragen, über wen ich oft spreche, wie ich über andere rede, ob ich meine Mitmenschen achte oder verachte, ob ich innerlich ständig über sie urteile und sie verurteile, ob ich mich über sie stelle. Wo habe ich einen anderen verletzt? Gehe ich achtsam mit meinen Mitmenschen um? Kümmert es mich, wie es ihnen geht, oder beschäftige ich mich nur mit mir selbst?

Zuspruch und Gespräch

Beim Beichtgespräch kann der Priester während des Bekenntnisses immer wieder einmal nachfragen, wie der Beichtende sich bei den einzelnen Bereichen fühlt und wie er mit seinen Problemen und mit seiner Schuld umgeht. Doch diese Fragen sollten eher der Information dienen und den Bekennenden helfen, seine Situation selbst besser erkennen und beschreiben zu können. Ich frage den Beichtenden manchmal, wo er bei all dem, was er erzählt hat, seinen Anteil an Schuld sieht und wo er an sich selbst und an seinem Herzen vorbeilebt. Mit dieser Frage möchte ich den Beichtenden zu seiner tiefsten Wahrheit führen: Wo ist der Punkt, an dem mein Leben nicht mehr stimmt, an dem ich das Leben verweigere, das Gott mir zugedacht hat?

Nach dem Bekenntnis ist es sinnvoll, wenn der Priester seinen Eindruck schildert. Er sagt, was ihn berührt hat und welche Gedanken ihm während des Bekenntnisses gekommen sind. Dabei sollte er auf seine eigenen Gefühle achten und das ansprechen, was ihn selbst bewegt hat. Es ist eine Art Feedback, das dem Beichtenden helfen kann, seine Situation im Spiegel des Zuhörenden auf neue Weise zu sehen. Aus diesem Feedback kann sich dann ein Gespräch entwickeln. Doch dieses Gespräch sollte kurz sein und sich vor allem auf die Konsequenzen aus der Beichte beziehen.

Übungsprogramm

In der irischen Bußpraxis war es üblich, für jede Sünde eine eigene Buße aufzugeben, die der Schwere der Schuld entsprach. Oft stand die Idee dahinter, daß man die Sünde abbüßen müßte. Doch das ist unserem heutigen Verständnis von Beichte und Buße nicht angemessen. Es geht nicht um das Abzahlen von Schuld, sondern um die Frage, was dem Beichtenden helfen kann, innerlich weiterzukommen. Der Priester kann ihn fragen, was er sich selbst vornehmen möchte, wo er ansetzen möchte, etwas zu verbessern. Dabei geht es nicht um Vorsätze, die dann doch nicht eingehalten werden, sondern um konkrete Schritte, die weiterhelfen. Viele nehmen sich etwas vor, was von vornherein zum Scheitern verurteilt ist. Denn ich kann mir nicht vornehmen, von heute an freundlicher zu sein und nicht mehr aggressiv zu reagieren. Gefühle kann ich mir nicht aufzwingen. Statt von einem »Vorsatz« spreche ich lieber vom »Übungsprogramm«, das sich der Beichtende erstellen könnte. Ich kann mir nur etwas Konkretes vornehmen. Ich kann mir zum Beispiel vornehmen, morgens beim Verlassen des Hauses für die Menschen zu beten, denen ich heute begegnen werde. Aber ob ich ihnen dann immer gut begegne, das liegt nicht mehr in meiner Hand. Ich kann mich immer nur an das eigentliche Ziel erinnern. Ob ich das Ziel erreiche, hängt von vielen anderen Faktoren ab.

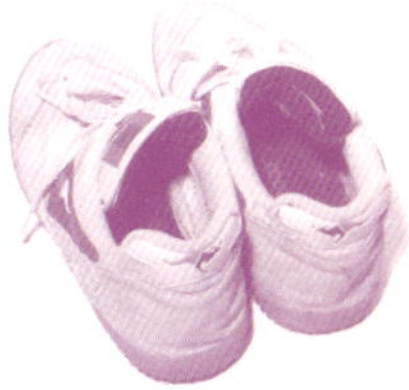

Ein Übungsprogramm ist nicht gekennzeichnet von der Strenge der Buße, wie sie im Mittelalter oft gebräuchlich war. Vielmehr ist es von dem Optimismus geprägt, daß wir unseren Schwächen nicht einfach ausgeliefert sind. Manche meinen, sie würden immer das Gleiche beichten und es hätte doch keinen Zweck, wenn sich da nichts tut. Wir werden zwar unsere Haut nicht wechseln können, aber wir können uns trainieren, so daß manches anders wird, wir können neue Wege ausprobieren. Daher wäre es Aufgabe des Priesters, den Beichtenden anzuregen, daß er selbst entdeckt, was er tun könnte, um innerlich weiterzukommen. Wenn ihm nichts einfällt, kann der Priester ihm etwas vorschlagen. Aber das sollte nicht von außen geschehen. Ich frage den Beichtenden immer, ob er sich dieses oder jenes vorstellen könne, ob es für ihn realistisch wäre.

Verantwortung für seine Fehler übernehmen

Der Ritus der Beichte sieht nach dem Bekenntnis ein kurzes Reuegebet vor. Im katholischen Gesangbuch »Gotteslob« wird vorgeschlagen: »Ich bereue, daß ich Böses getan und Gutes unterlassen habe. Erbarme dich meiner, o Herr.« Viele haben heute nicht nur mit solchen Formulierungen, sondern überhaupt mit der Reue Probleme. Sie sagen: »Ich kann nicht bereuen, was ich getan habe. Es war nicht in Ordnung. Das sehe ich ein. Aber ich kann deshalb nicht mit zerknirschtem Herzen herumlaufen.« In der Vergangenheit wurde Reue oft übertrieben, als ob man sich zuerst ganz schlecht machen, sich als den größten Sünder fühlen und sich selbst abwerten müßte, um dann in der Absolution wieder aufgerichtet zu werden. Solch ein Verständnis der Reue widerspricht der Würde des Menschen. Und oft genug führt eine solche Reue nur zur Stabilisierung des falschen Verhaltens. Ein Mann, der ständig sexuelle Beziehungen zu verschiedenen Frauen hatte, war auf der anderen Seite sehr fromm. Er bereute seine Fehltritte und fühlte sich dann als schlimmer Sünder. Er ging zur Beichte. Aber sein Verhalten änderte sich nicht. Wenn ich mich selbst abwerte, dann ist das kein Antrieb, mich zu ändern. Ich ziehe mich vielmehr nach unten und habe keine Kraft, mein Fehlverhalten wirklich zu lassen.

Das Konzil von Trient definiert die Reue als »Schmerz der Seele und Abscheu über die vergangene Sünde mit dem Vorsatz, in Zukunft nicht mehr zu sündigen«. Wir tun uns heute schwer mit dieser Sprache. Karl Rahner fordert, daß wir den Begriff sorgfältig und vorsichtig formulieren, so daß er dem Menschen von heute verständlich wird. Reue hat »nichts zu tun mit einem psychologisch-gemüthaften Schock (Katzenjammer)« (Rahner 301). Sie besteht vielmehr in einem Nein zur vergangenen Tat. Sie meint nicht, daß ich meine Vergangenheit verdränge, sondern daß ich mich ihr stelle und bereit bin, die Verantwortung dafür zu übernehmen. Wichtiger als die Analyse der Vergangenheit ist »die bedingungslose Hinwendung zum vergebenden Gott in Liebe« (Rahner 302).

Das deutsche Wort »Reue« kommt von »Trauer, seelischer Schmerz, Kummer« und stellt das emotionale Element der Reue in den Vordergrund. Das hat dazu geführt, daß viele Menschen mit diesem Begriff Schwierigkeiten haben. Denn sie können nicht immer einen seelischen Schmerz in sich hervorrufen, wenn sie sich an ihr Tun in der Vergangenheit erinnern. Das ist auch nicht nötig. Entscheidend ist, daß ich einsehe: Ich habe nicht so gehandelt, wie es Gottes Willen, wie es dem Wohl des Mitmenschen und wie es meiner eigenen Wahrheit entspricht.

In der Beichte höre ich manchmal: »Ich kann den sexuellen Fehltritt nicht bereuen. Denn die Erfahrung mit dieser Frau war wunderschön.« Es hat auch keinen Zweck, die sexuelle Erfahrung zu verdammen. Vielmehr sollte man sich über die Folgen Gedanken machen. Ich habe damit meine eigene Frau verletzt. Und ich lebe, wenn ich die sexuelle Beziehung fortsetze, in einem inneren Zwiespalt, der mich zerreißt. Auf Dauer wird er mir nicht guttun. Wenn ich so denke, dann verurteile ich mich nicht. Ich verstehe, daß ich viele Bedürfnisse habe, die meine eigene Frau nicht erfüllen kann. Aber weil ich weiß, daß mein Verhalten meine Frau verletzt, setze ich mir Grenzen. Ich kann nicht alle meine Bedürfnisse ausleben. Ich muß nicht alle Wünsche erfüllen. Ich kann auch mit unerfüllten Wünschen erfüllt leben. Ich habe keine Garantie, daß ich mich nicht wieder in eine andere Frau verlieben werde. Aber ich weiß, daß ich mein Verhalten immer auch im Blick auf die eigene Partnerschaft verantworten muß. Auf Dauer wird es meiner Seele nur guttun, wenn ich eindeutig lebe trotz aller Gefühle, die mich manchmal zu zerreißen drohen.

Eine Gefahr der Reue besteht darin, daß wir auf unsere Vergangenheit fixiert bleiben. Wir kreisen ständig um unsere Schuld und ziehen uns damit nur nach unten. Die Fixierung auf die Schuld befreit uns nicht zu einem neuen Verhalten. Es gibt einen Väterspruch, der uns davor bewahren möchte, immer um unser vergangenes Fehlverhalten zu kreisen. Altvater Antonios gibt dem Altvater Pambo den Rat: »Baue nicht auf deine eigene Gerechtigkeit und laß dich nicht ein Ding gereuen, das vorbei ist, und übe Enthaltsamkeit von der Zunge und vom Bauch.« (Weisung, Apophtegma 6) Antonios rät nicht, alles Vergangene zu rechtfertigen. Doch es hilft nicht weiter, immer im Vergangenen zu wühlen. Was vorbei ist, ist vorbei. Es ist, wie es ist. Es lohnt sich nicht, sich deshalb ständig Vorwürfe zu machen. Der Grund, warum sich manche ständig mit ihrer vergangenen Schuld beschäftigen, liegt oft im Glauben an die eigene Gerechtigkeit. Wenn sie schuldig werden, können sie sich selbst nicht verzeihen, daß sie nicht so ideal sind, wie sie es sich vorgestellt haben. Antonios will uns in die Haltung der Demut führen: Wir sind nie gerecht. Wir werden immer Fehler machen. Wir sollen uns damit nicht zufrieden geben, sondern den Fehler loslassen, ihn vergangen sein lassen. Dann wird unsere psychische Energie nicht auf die Vergangenheit verlagert, sondern wir schauen nach vorne.

Antonios fordert Pambo auf, Enthaltsamkeit »von der Zunge und vom Bauch« zu üben. Wenn er auf seine Worte achtet und schweigt, wenn er verletzt wird, dann wird sich dadurch auch seine innere Einstellung zu den Menschen und zu sich selbst ändern. Wenn er Askese übt und sich das richtige Maß setzt, dann wird er innerlich in Ordnung kommen. Dieser Väterspruch zeigt uns, wie Reue für uns heute verständlich wird: Wir können unsere Vergangenheit Gott hinhalten, ohne uns zu zerfleischen. Und wir dürfen Gott um Hilfe bitten, daß wir unseren Weg so gehen, daß er uns zu Gott führt, daß er uns in die Liebe, Freiheit und Lebendigkeit einweist. Wer das in einem Reuegebet ausdrücken möchte, der könnte sagen: »Mein Jesus Barmherzigkeit.« Oder: »Ich halte alles, was war und was jetzt in mir weiterwirkt, in Gottes Barmherzigkeit und bitte Gott um seinen Segen für meinen Weg.«

Vergebung

Nach dem Bekenntnis und dem Gespräch des Priesters mit dem Beichtenden erteilt der Priester die Absolution. Absolution heißt: Auflösung, Loslösung, Lossprechung. Im Namen Jesu spricht der Priester den Beichtenden von seiner

Schuld frei. Er sagt ihm die Vergebung Gottes zu. Der Ritus sieht dafür die Handauflegung vor. Wenn ich als Priester dem Beichtenden die Hände auflege, dann kann er leibhaft erfahren, daß er von Gott bedingungslos angenommen ist, daß Gottes Liebe auch seine Schuld mit einschließt. Der Ritus sieht als Lossprechungsformel vor: »Gott, der barmherzige Vater, hat durch den Tod und die Auferstehung seines Sohnes die Welt mit sich versöhnt und den Heiligen Geist gesandt zur Vergebung der Sünden. Durch den Dienst der Kirche schenke er dir Verzeihung und Frieden. So spreche ich dich los von deinen Sünden im Namen des Vaters und des Sohnes und des Heiligen Geistes. Amen.« Es ist jedoch sinnvoll, dieses offizielle Gebet mit einem persönlichen Gebet einzuleiten, in dem man das Gespräch mit dem Beichtenden noch einmal zusammenfaßt. So ein Gebet könnte etwa lauten: »Barmherziger und guter Gott, ich danke dir für alles, was du N.N. geschenkt und was du an ihm/ihr bewirkt hast. Verzeihe ihm/ihr, wo er/sie schuldig geworden ist, wo er/sie sich selbst oder andere verletzt hat und wo er/sie an dir vorbeigelebt hat. Durchdringe ihn/sie mit deinem heiligen Geist, daß er alles in ihm/ihr verwandle und ihn/sie in Berührung bringe mit der inneren Quelle deiner Liebe. Laß deine vergebende Liebe in alle Bereiche seiner/ihrer Seele dringen, damit er/sie sich nun auch selbst vergeben kann und sich von dir bedingungslos angenommen weiß. So spreche ich im Namen der Kirche: Gott, der barmherzige Vater ...«

Der Ritus der Absolution ist für den Beichtenden eine Hilfe, an die Vergebung Gottes wirklich zu glauben. C. G. Jung hat immer wieder betont, daß sich der Mensch in Situationen, in denen er wirklich schuldig geworden ist, von der Gemeinschaft der Menschen ausgeschlossen fühlt. Und er fühlt sich in sich selbst gespalten. Aus dieser Spaltung kann er sich nicht selbst befreien. Und nur ein Hinweis auf Gottes Vergebung genügt oft nicht, daß er an die Vergebung Gottes glauben kann. Der Ritus – so meint C. G. Jung – vermag die Hindernisse in unserer Seele zu überwinden, die uns den Glauben an die vergebende Liebe Gottes erschweren. In unserem Unbewußten gibt es Barrieren gegen den Glauben an die Vergebung. Da gibt es archaische Vorstellungen, daß jede Schuld bezahlt werden müsse. Um diese archaischen Bilder in unserem Unbewußten aufzulösen, bedarf es des Ritus, der nicht nur unserem Verstand oder unserem Gefühl, sondern auch der Tiefe unseres Unbewußten vermittelt, daß wir bedingungslos von Gott angenommen sind und daß wir uns unsere Schuld nicht mehr vorzuhalten brauchen. Der Ritus ist überpersönlich. Er ist mehr als die persönliche Bitte des Priesters. Im Ritus hat der Priester Anteil an der heilenden Kraft des Ursprungs. So ist es die Überzeugung aller Religionen. Davon ist auch C. G. Jung überzeugt: »Durch den Ritus wird dem kollektiven und numinosen Aspekt des Augenblicks über seine rein persönliche Bedeutung hinaus Genüge getan.« (Jung, Briefe II, 440)

Im Vertrauen auf Gottes Barmherzigkeit seine Wege gehen

Die Beichte schließt mit der Entlassung. Die Liturgie sieht folgenden Entlassungsgruß vor: »Der Herr hat dir die Sünden vergeben. Geh hin in Frieden.« Der Priester kann, wo es angemessen ist, den Beichtenden mit einem Friedensgruß vermitteln, daß er nun von Gott ganz und gar angenommen ist und daß er sich von der Gemeinschaft der Kirche bejaht weiß.

Für wirklich wichtig halte ich es, daß er dem Scheidenden Gottes Segen für seinen Weg wünscht und ihn ermutigt, sich selbst nicht aufzugeben, sondern im Vertrauen auf Gottes Barmherzigkeit seinen Weg zu gehen. Es wird nicht alles gelingen auf diesem Weg. Aber er darf sich immer und überall von Gottes heilender und liebender Nähe umgeben wissen.

III. Aus der Versöhnung leben

Versöhnung mit sich selbst

Es gibt Christen, die immer wieder beichten, aber es doch nicht fertig bringen, sich mit sich selbst zu versöhnen. Die wichtigste Aufgabe unseres Christseins ist es jedoch, daß wir »ja« zu uns selbst sagen. Das beginnt damit, daß wir uns mit unserer eigenen Lebensgeschichte aussöhnen. Viele hadern ihr Leben lang mit ihrer Kindheit, in der sie sich nicht verstanden fühlten und in der sie oft verletzt wurden. Doch sie benutzen ihre beschädigte Lebensgeschichte als Vorwand, nicht selbst leben zu müssen, oder als beständigen Vorwurf an die Eltern, sie seien schuld an ihrem Elend. Wer in solch unversöhnter Haltung gegen seine eigene Lebensgeschichte bleibt, dem helfen alle spirituellen Wege nicht weiter.

Mich mit mir auszusöhnen heißt weiterhin, mich mit meinem Leib zu versöhnen. Viele erzählen in der Beichte von einem tiefen Selbsthaß. Sie können sich selbst nicht so annehmen, wie sie sind. Oft genug ist es der Leib, den sie ablehnen. Sie meinen, sie entsprächen nicht dem Idealbild eines schönen Mannes oder einer attraktiven Frau. Sie können sich nicht verzeihen, daß sie zu dick sind. Ihr Gesicht gefällt ihnen nicht. Ihre Hände sind nicht so gestaltet, wie sie es gerne hätten. Sie ärgern sich, daß ihr Leib immer wieder reagiert, wenn sie unsicher sind, daß sie rot werden oder zu schwitzen anfangen. Sie kämpfen dagegen. Aber je mehr sie dies tun, desto schlimmer wird es. Deshalb ist es eine lebenslange Aufgabe, sich mit dem eigenen Leib auszusöhnen, sich in seinem Leib zu lieben.

Viele ärgern sich, wenn sie mit ihren Schattenseiten konfrontiert werden. Sie möchten am liebsten korrekt und perfekt sein. Doch da spüren sie ihre empfindlichen Stellen. Manchmal taucht ein tiefer Haß auf andere auf. Sie werden wütend, wenn sie bestimmten Menschen begegnen. Sie können es nicht annehmen, daß sie immer wieder von depressiven Stimmungen heimgesucht werden. Wenn Eifersucht in ihnen aufsteigt, dann verurteilen sie sich selbst. Wenn sie von Angst heimgesucht werden, machen sie sich Vorwürfe, daß sie als Christen doch gar keine Angst haben dürften. Doch je mehr sie gegen sich und ihre Schattenseiten wüten, desto stärker werden diese. Es ist der Weg der Demut, der von ihnen gefordert wäre.

Demut ist der Mut, hinabzusteigen in die eigene Dunkelheit, in die Schattenseiten des nach außen hin funktionierenden Ichs. Sich mit ihnen auszusöhnen heißt noch nicht, sie auch auszuleben. Aber ich muß wissen, daß ich keine Garantie habe, immer Halt auf meinem geistlichen Weg zu finden. Manche benutzen ihren spirituellen Weg, um den eigenen Schattenseiten auszuweichen. Sie möchten mit so banalen Dingen wie ihren sexuellen Phantasien und ihren zornigen Gefühlen nichts zu tun haben. Sie meinen, sie hätten in ihrer Spiritualität einen Weg gefunden, mit sich im Einklang zu sein. Aber sie haben viele Gefährdungen verdrängt. Demut heißt, immer damit zu rechnen, daß in mir Bedürfnisse und Leidenschaften auftauchen, die ich längst überwunden glaubte. Diese Demut will mich nicht klein machen, sondern mir die innere Gelassenheit schenken, achtsam und vertrauend meinen Weg zu gehen und alles, was mir auf diesem Weg begegnet, als Fingerzeig Gottes zu sehen, mich mit allem auszusöhnen, was in mir ist.

Versöhnung mit der Gemeinschaft

Wenn ich bei Kursen manchmal die Teilnehmer frage, mit wem sie noch in Konflikt sind und wem sie noch nicht vergeben können, dann fallen ihnen immer eine ganze Reihe von Menschen ein. Und sie werden oft genug innerlich aufgewühlt, weil manche Beziehungen so belastet sind. Sie haben sich um Versöhnung bemüht, aber es hat nichts geholfen. Oder aber sie wurden von diesen Menschen so sehr verletzt, daß sie ihnen trotz der Beichte im Herzen nicht vergeben können. Sie spüren, wie diese Menschen sie noch immer bestimmen, wieviel Kraft es sie kostet, unversöhnt mit ihnen zu leben.

Versöhnung erreiche ich nicht, indem ich einfach all die Verletzungen und Schmerzen verdränge, die mir zugefügt wurden, hinunterschlucke und die Wut über die Menschen, die mich verwundet haben, verdränge. Ich muß zuerst meinen Zorn zulassen und mich dadurch vom anderen distanzieren. Erst wenn ich einen gesunden Abstand zum anderen gewonnen habe, bin ich frei von der destruktiven Macht, die von ihm ausgeht. Ich lasse ihn so sein, wie er ist, aber ich gebe ihm keine Macht mehr über mich. Vergeben heißt noch nicht, daß ich ihm um den Hals falle.

Der erste Schritt der Versöhnung mit dem anderen besteht darin, daß ich ihn sein lasse, daß ich aufgebe, ihn zu beurteilen oder zu verurteilen. Ich lasse ihn, wie er ist. Was er getan hat, ist sein Problem. Es hat mich verletzt. Aber ich gebe dieser Verletzung keinen Raum mehr. Ich setze die Wut über die Verletzung in einen Ehrgeiz um, selbst zu leben, anstatt mich von ihm bestimmen zu lassen.

Der zweite Schritt wäre, wieder eine Beziehung zum anderen aufzunehmen. Aber dieser Weg ist nicht immer möglich. Denn er hängt auch davon ab, ob der andere bereit ist, ein klärendes Gespräch zu führen. Wenn er diesen Schritt verweigert, so kann ich mich trotzdem mit ihm versöhnen, indem ich nicht mehr über ihn schimpfe und nicht ständig über ihn nachdenke. Ich lasse ihn und warte. Ich versuche, innerlich mit mir und mit der vergangenen Geschichte versöhnt zu sein. Ich bin bereit, sobald er das zuläßt, auf ihn zuzugehen, oder auf einen Schritt von seiner Seite positiv zu reagieren.

Wenn in einer Gemeinschaft Menschen unversöhnt zusammen leben, kann das die ganze Gemeinschaft sprengen. Eine Gemeinschaft kann nur miteinander auskommen, wenn die Bereitschaft zur Versöhnung da ist und wenn immer wieder konkrete Versöhnungsschritte gemacht werden. Gerade im Miteinander einer Familie oder einer klösterlichen Gemeinschaft oder auch einer Firma erfahren wir, daß wir auf die gegenseitige Vergebung angewiesen sind. Das hat auch der Evangelist Matthäus in den damaligen Gemeinden gespürt. Daher hat er Worte Jesu, in deren Mittelpunkt die Vergebung steht, in der sogenannten Gemeinderegel im Kapitel 18 zusammengefaßt. Petrus erhält auf seine Frage, wie oft er vergeben muß, die Antwort: »Nicht siebenmal, sondern siebenundsiebzigmal.« (Mt 18,22) Siebenundsiebzigmal heißt letztlich, immer wieder, ohne Begrenzung. Aber Vergebung bedeutet für Matthäus nicht, daß die Konflikte unter den Teppich gekehrt werden. Wenn ein Bruder sündigt und auf diese Weise das Miteinander stört, soll einer auf ihn zugehen und mit ihm darüber sprechen. Er soll mit ihm und nicht über ihn sprechen. Das Ziel des Gespräches ist es, den Bruder zu gewinnen. Vom ihm wird die Bereitschaft verlangt, auf das zu hören, was der andere ihm sagt. Durch das Aufeinander-Hören und das Miteinander-Sprechen kann ein Konflikt bereinigt und so Versöhnung geschaffen werden. Doch wenn der Bruder nicht hört, sollen – so heißt es bei Matthäus – zwei oder drei mit ihm sprechen. Wenn auch das nicht fruchtet, soll die ganze Gemeinde sich mit ihm beschäftigen. (Vgl. Mt 18,15-16). Dabei geht es nicht um ein Gericht, sondern um ein Aufeinander-Hören, um herauszufinden, was die Ursache des Konfliktes ist. Von der Gemeinde wird verlangt, daß sie immer bereit ist, zu vergeben. Vom einzelnen wird gefordert, daß er bereit ist, zu hören, hinzuhorchen, was sein Verhalten bei den anderen auslöst. Wenn beide aufeinander hören, dann werden sie auch einen Weg finden, den Konflikt aufzulösen oder zumindest fair miteinander umzugehen. Auf diese Weise ist der Konflikt kein Grund mehr zur Spaltung. Die Versöhnung nimmt den Konflikten, die nicht lösbar sind, ihre spaltende Kraft.

Die Beichte darf kein Ausweg sein, die Konflikte nur im persönlichen Gespräch mit dem Priester zu bereinigen. Die Beichte fordert uns vielmehr auf, nach Wegen zu suchen, wie wir Konflikte gemeinsam bereinigen können. Und sie schickt uns nach Hause mit dem Auftrag, uns mit den Menschen auszusöhnen, die wir verletzt oder die uns gekränkt haben.

Umkehr

Jesu erstes Wort im Markusevangelium lautet: »Die Zeit ist erfüllt, das Reich Gottes ist nahe. Kehrt um, und glaubt an das Evangelium.« (Mk 1,15) Umkehr ist also nicht allein mit der Beichte verbunden, sondern sie soll unser ganzes Leben prägen, ja sie gehört wesentlich zu unserem Leben dazu. Der Grund dafür ist die Nähe des Reiches Gottes. Weil Gott nahe ist, weil der barmherzige und gütige Gott uns in Jesus Christus nahe gekommen ist, darum sollen wir umkehren. Wir sollen uns von uns selbst weg- und zu Gott hinwenden.

Die Grundgefährdung unseres Lebens besteht darin, zu sehr um uns selbst zu kreisen, immer nur zu fragen, was uns das Leben bringt. Es geht dann immer nur um uns und unser Wohlbefinden. Das ist für Jesus ein Irrweg, ein Weg, der in eine Sackgasse führt. Mit seiner Aufforderung zur Umkehr stellt Jesus mich in Frage: Führt dein Leben zum Leben oder in den Tod, in die Lebendigkeit oder in die Erstarrung, in die Leere oder in die Fruchtbarkeit? Findest du auf diesem Weg zu dir selbst, zu deinem wahren Selbst oder läufst du vor dir davon?

Umkehren heißt Hinkehr zu Gott. Indem ich mich Gott zuwende und auf ihn zuschreite, finde ich zu meinem wahren Wesen, zu meinem wirklichen Selbst. Für Jesus besteht die Umkehr im Glauben an das Evangelium, an die Frohe Botschaft, die er von Gottes heilender und liebender Nähe verkündet. Wenn wir Jesu Worten trauen, werden wir frei vom Terror der vielen Meinungen, die auf uns einströmen und uns Leben verheißen. Der Glaube an seine Predigt befreit uns von der Angst, wir könnten unseren Weg verfehlen. Umkehr ist Einladung zum Leben. Manche Umkehrprediger verkünden uns eher eine ›Droh‹- als eine Frohbotschaft. Sie drohen uns mit Gericht und Hölle. Sie möchten uns zwingen, ihnen und ihren ängstlichen Vorstellungen von Gott zu folgen. Doch das ist nicht die Botschaft Jesu, der uns die Nähe des liebenden und barmherzigen Vaters verkündet. Die eigentliche Bedeutung von Metanoia – des griechischen Wortes für Umkehr – ist: »nachträglich erkennen«, »den Sinn ändern«, »anders denken«. »Meta« kann auch »hinter« bedeuten. Dann würde Umkehr heißen: »hinter die Dinge sehen«, »in allen Menschen und in der Schöpfung Gott selbst sehen«, »in unseren Alltagserlebnissen Gott erkennen, der zu uns spricht«. Umkehr heißt also: Das Eigentliche erkennen, das in allem verborgen ist. Jesus hat so von der Wirklichkeit der Welt gesprochen, daß in allem Gott aufleuchtete. In seinen Gleichnissen hat er die Welt auf Gott hin durchsichtig gemacht. Umkehr heißt, den Blick Jesu einzuüben, um in allem, was mir begegnet, Gott zu erkennen, der zu mir spricht durch die Begegnung mit einem Menschen, durch eine glückliche Erfahrung, durch ein Mißgeschick, durch Erfolg und Mißerfolg, durch meine Gedanken, durch Worte, die andere zu mir sagen. Umkehr heißt, in allem damit zu rechnen, daß Gott mir nahe ist, mich anspricht, an mir handelt.

Das neue Gottesbild Jesu

Oft wurde in Beichtpredigten vor allem das Bild des Richter- und des Buchhaltergottes verkündet. Es hieß dann: Gott sieht genau zu, was wir tun. Er legt alles auf seine Waage und beurteilt, ob es gut oder schlecht ist. Und er hält über uns Gericht.

Doch dieses Gottesbild entspricht nicht dem Bild, das Jesus uns von Gott zeichnet. Jesus verkündet zwar keinen anderen Gott als das Alte Testament, aber er legt ihn auf eine neue Weise aus. Er betont nur die Seiten Gottes, die das Alte Testament schon verkündigt hatte: die barmherzige Liebe Gottes, die Geduld Gottes, die Zuwendung Gottes zu den Sündern.

Der Gott, von dem Jesus spricht, ermöglicht uns immer wieder einen neuen Anfang. Er vernichtet uns nicht, wenn wir gesündigt haben, sondern richtet uns auf. Wenn wir uns verurteilen, Gott verurteilt uns nicht. Johannes hat das in seinem ersten Brief in die wunderbaren Worte gekleidet: »Wenn das Herz uns auch verurteilt – Gott ist größer als unser Herz, und er weiß alles.« (1 Joh 3,20) Nicht Gott ist der Richter, sondern in uns ist oft ein unbarmherziger Richter. Es ist das eigene Über-Ich, das uns ständig klein macht: »Du kannst nichts. Du bist nichts. Du machst alles verkehrt. Du bist böse. Du bist verdorben.« Der Gott, den Jesus uns vor Augen führt, ermöglicht es uns, uns immer wieder selbst zu vergeben, uns von unserem inneren Richter zu distanzieren und ihm seine Macht zu verweigern.

Jesus hat sich besonders den Sündern zugewandt. Denn bei ihnen sah er die Bereitschaft, umzukehren. Bei den Pharisäern erkannte er die Gefahr, daß Menschen sich in ihrer Frömmigkeit schon gut genug vorkommen, so daß sie keiner Umkehr bedürfen. Es gibt Menschen, die in ihrer Frömmigkeit verhärtet sind. Sie öffnen sich nicht für die barmherzige Liebe Gottes. Jesus hat die Sünder nicht verurteilt und ihnen nicht mit der Hölle gedroht. Er hat ihnen vielmehr vermittelt, daß ihr Versagen zu einer Chance werden kann, umzukehren und neu anzufangen, und daß sie tiefer als selbstgerechte Menschen die barmherzige Liebe Gottes verstehen und erfahren können.

Der Gott und Vater Jesu Christi verzichtet darauf, den Menschen willkürliche Regeln und Gesetze aufzuerlegen. Er hat ihnen vielmehr Gebote geschenkt, damit sie leben können. Jesus hat Gottes Willen und die Bedeutung dieser Gebote neu ausgelegt: »Der Sabbat ist für den Menschen da, nicht der Mensch für den Sabbat.« (Mk 2,27) Sie sollen dem Menschen helfen, ihrer Würde entsprechend zu leben und miteinander in guter Weise auszukommen.

Gott läßt uns jedoch nie in Ruhe. Wir können vor ihm nie sagen: »Wir haben alles richtig gemacht. Also erwartet uns nur noch der Lohn Gottes.« Jesus macht uns sensibel, immer wieder neu nach Gottes Willen in jeder konkreten Situation zu fragen. Und Gott möchte immer, daß wir leben, daß wir heil werden und ganz, daß wir entsprechend unserem Wesen leben. Der Gott, den Jesus uns verkündet, ist der Garant wahrer Menschwerdung. Aus uns selbst heraus finden wir den Weg zu unserem wahren Selbst nicht. Gott ermöglicht es uns, wahrhaft Mensch zu werden.

Schluß

Die Beichte ist ein konkreter Weg, uns mit uns selbst und miteinander auszusöhnen, immer wieder die Umkehr einzuüben und Gott als den zu erfahren, der uns bedingungslos liebt. Wir dürfen die Beichte nicht isolieren und nicht von der gesamten Verkündigung Jesu abtrennen. Sie hat nur ihre Bedeutung innerhalb des Rufes Jesu zu einem Leben, das Gottes Willen und zugleich unserem eigentlichen Menschsein entspricht. In der Beichte begegnen wir Jesus Christus, der den Sündern ihre Schuld vergeben hat. Und wir begegnen dem Gott Jesu Christi, der uns befreit von unserer Schuld und unseren Schuldgefühlen, der uns seine barmherzige Liebe im Sakrament erfahren läßt.

Von mir persönlich kann ich nicht sagen, daß ich gerne beichte. Aber ich weiß, daß es mir guttut. Von Zeit zu Zeit brauche ich das Innehalten, um mein Leben zu betrachten und Bilanz zu ziehen: Stimmt das noch so, wie ich lebe? Ich muß dann eine Hemmschwelle überwinden, um den Mitbruder zu bitten, bei ihm beichten zu können. Doch nach der Beichte weiß ich, daß es gut war. Ich werde zwar nicht meine Haut wechseln. Ich werde auch weiterhin mit meinen Problemen und täglichen Fehlern leben. Aber die Beichte gibt mir doch Anstoß, wieder neu anzufangen und bewußter und achtsamer zu leben. Manchmal entdecke ich in der Beichte die Fallen, in die ich immer wieder gerate. So macht mich die Beichte sensibler. Und die Erfahrung der Vergebung gibt mir das Gefühl: ich brauche jetzt nicht mehr in der Vergangenheit zu wühlen. Sie ist begraben. Ich darf sie begraben sein lassen.

Beim Osterkurs im Jahre 2001 hatten die Kursleiter und Kursleiterinnen das Thema »Schuld und Schuldgefühle«

gewählt. Es war mutig, mit den Jugendlichen an dieses Thema heranzugehen. Aber beim Kurs zeigte es sich, wie zentral dieses Thema für junge Menschen ist. Sie brauchen einen Ort, an dem sie über ihre Schuldgefühle angstfrei sprechen können. Und sie sehnen sich danach, von ihren Schuldgefühlen frei zu werden und für ihre Schuld Vergebung zu erfahren. Die Beichte ist nicht der einzige Ort, an dem Schuld, Schuldgefühle und Vergebung thematisiert werden. Aber sie ist doch ein wichtiger therapeutischer Raum, in dem Heilung für die vielen geschehen kann, die von ihren Schuldgefühlen hin- und hergerissen werden, die nicht zur Ruhe finden, weil sie sich ständig ihr Versagen vorwerfen. Jesus hat uns in der Beichte ein Sakrament geschenkt, in dem wir uns bedingungslos geliebt wissen.

Bei einem Vortrag zu dem Thema »Jeder Mensch hat einen Engel« fragte mich ein zehnjähriges Mädchen: »Glauben Sie wirklich daran, daß der Engel mich nicht verläßt?« Als ich es bejahte, meinte es: »Ja, aber auch wenn ich böse bin?« Ich sagte: »Ja, der Engel hat Geduld mit dir.« Da hakte es nochmals nach: »Ja, aber auch wenn ich immer wieder böse bin?« Ich antwortete ihm: »Ich bin mir gewiß, daß der Engel dich nie verläßt. Er geht immer mit dir. Auch wenn du dich selbst nicht aushalten kannst: Er hält dich aus.« Da ging das Mädchen getröstet weg. Es war ihm ganz wichtig, daß ihm jemand zusagte, daß der Engel es nicht verläßt, daß er es aushält.

Die Beichte ist der Ort, an dem wir erfahren dürfen, daß Gott uns mit seiner vergebenden Liebe nie verläßt, daß Gottes Vergebung all unsere Schuld umgreift, daß wir bedingungslos von Gott angenommen sind. Für mich als Beichtvater ist es immer ein Wunder, wenn ich mit ansehen darf, wie Menschen, die sich erdrückt fühlten von ihrer Schuld, aufrecht und befreit nach Hause gingen. Sie haben erfahren, wie gut es Jesus gemeint hat, als er uns das Sakrament der Beichte als Ort der Versöhnung geschenkt hat.

Literatur

Rudolf Affemann, Schuld, Schulderfahrung und Gewissen. Ein Gespräch mit dem Stuttgarter Psychotherapeuten: Herder Korrespondenz 27 (1973), S. 131-137.

Jes P. Asmussen, Beichte, in: Theologische Realenzyklopädie, Band 5, Berlin 1980, S. 411-414.

Heinrich Bacht, Erneuerung durch Rückkehr zu den Ursprüngen. Überlegungen zur heutigen Beichtkrise, in: K. Baumgartner, Erfahrungen mit dem Bußsakrament, 2. Bd., München 1979, S. 166-184.

Albert Görres, Das Böse, Freiburg 1984.

Anselm Grün, Erlösung durch das Kreuz. Karl Rahners Beitrag zu einem heutigen Erlösungsverständnis, Münsterschwarzach 1975.

Die Benediktusregel (lateinisch-deutsch), hg. im Auftrag der Salzburger Äbtekonferenz, Beuron 1992.

M. Hartung, Angst und Schuld in Tiefenpsychologie und Theologie, Stuttgart 1979.

Jolande Jacobi, C. G. Jung, Mensch und Seele. Aus dem Gesamtwerk ausgewählt von Jolande Jacobi, Olten 1972.

C. G. Jung, Gesammelte Werke, Band 8, Olten 1964.

C. G. Jung, Briefe II, Olten 1972.

Reinhard Messner, Beichte, in: Lexikon für Theologie und Kirche, Freiburg 1957, S. 841f.

Reinhard Messner, Feiern der Umkehr und Versöhnung, in: Sakramentliche Feiern I/2, hg. v. H. B. Meyer, Regensburg 1992, S. 9-240.

Karl Rahner, Reue, in: Sacramentum Mundi, Freiburg 1969.

Udo Rauchfleisch, Pastoralpsychologische Überlegungen zur Bewältigung von Schuld, in: I. Baumgartner, Handbuch der Pastoralpsychologie, Regensburg 1990, S. 349-366.

Lorenz Wachinger, Seelsorgliche Beratung und Begleitung bei Schuld und Schuldgefühlen, in: K. Baumgartner u. W. Müller, Beraten und begleiten. Handbuch für das seelsorgliche Gespräch, Freiburg 1990, S. 241-248.

Weisung der Väter. Apophtegmata Patrum, übersetzt von Bonifaz Miller, 4. Aufl. Trier 1998.

Sakramente

Pater Anselm Grün erklärt die Sakramente.

Die Eucharistiefeier – Verwandlung und Einswerden
Format 16 x 21 cm, Hardcover,
72 Seiten, mit farbigen Abbildungen
ISBN 3-87868-148-8

In der katholischen Kirche wird täglich das Sakrament der Eucharistie gefeiert. Doch immer weniger Menschen nehmen daran teil. Die Feier wirkt auf sie langweilig oder oberflächlich.

Pater Anselm Grün stellt das Geheimnis der Eucharistie in einfachen und lebendigen Worten dar. Er erklärt die Riten der Eucharistiefeier und fragt: Wie kann ich heute so aus der Eucharistie leben, daß sie meinen Alltag verwandelt?

Ein Buch für die Eltern von Erstkommunionkindern, Gemeindekatecheten und alle, die wieder einen Zugang zu diesem Kernsakrament christlichen Lebens suchen.

Die Salbung der Kranken – Trost und Zärtlichkeit
Format 16 x 21 cm, Hardcover,
60 Seiten, mit farbigen Abbildungen
ISBN 3-87868-170-4

Die Krankensalbung gewinnt heute wieder zunehmend an Bedeutung – auch für viele, die nicht mehr in die Kirche gehen. Pater Anselm Grün erklärt den zärtlichen und sinnlichen Ritus dieses Sakraments und setzt sich mit der Frage auseinander, was Krankheit und Sterben für Christen bedeutet.

Ein Buch für alle Menschen, die Kranke und Sterbende begleiten und für alle, die sich selbst auf die Krankensalbung vorbereiten oder sich spirituell mit ihrer Krankheit auseinandersetzen wollen.

Sachbücher, die man verschenken kann.

Vier-Türme-Verlag
97359 Münsterschwarzach Abtei
Telefon 09324-20-292
Bestell-mail: info@vier-tuerme.de